国家税收法律研究基地推荐读本

宪法知识
社区普及读本

王文宝◎主编

中国财经出版传媒集团
中国财政经济出版社

图书在版编目（CIP）数据

宪法知识社区普及读本/王文宝主编．—北京：中国财政经济出版社，2019.1
ISBN 978－7－5095－8768－3

Ⅰ．①宪…　Ⅱ．①王…　Ⅲ．①宪法－基本知识－中国　Ⅳ．①D921.04

中国版本图书馆 CIP 数据核字（2019）第 013123 号

责任编辑：胡　博　　　　责任校对：胡永立
封面设计：孙俪铭

中国财政经济出版社出版

URL：http：//www.cfeph.cn
E－mail：cfeph@cfeph.cn

社址：北京市海淀区阜成路甲 28 号　邮政编码：100142
营销中心电话：010－88191537
中煤（北京）印刷有限公司印刷　各地新华书店经销
889×1194 毫米　16 开　4.5 印张　38 000 字
2019 年 1 月第 1 版　2019 年 1 月北京第 1 次印刷
定价：25.00 元
ISBN 978－7－5095－8768－3
（图书出现印装问题，本社负责调换）
本社质量投诉电话：010－88190744

编 委 会

序一

宪法是国家的根本大法，是治国安邦的总章程，具有最高的法律地位和法律效力。一切国家机关和武装力量、各政党和各社会团体、各企业事业组织及所有公民，都必须在宪法和法律规定的范围内从事活动，任何组织或者个人，都不得有超越宪法和法律的特权。《宪法知识社区普及读本》的编写，就是致力于强化公民宪法意识，营造广大社区群众“尊法学法守法用法”的浓厚氛围。

现代社会是法治社会，随着社会的进步和法治建设的逐渐完善，学法、守法、用法成为社会的一种风尚。栗战书委员长2018年3月27日在深入学习宣传和贯彻实施宪法座谈会上讲过：“十三亿多人民养成人人遵守宪法、维护宪法的观念和习惯，这是一个伟大的力量。在以习近平同志为核心的党中央坚强领导下，体现了人民意志和中国共产党的正确主张的宪法，又由中国共产党领导全体人民保证它的实施，就一定能够在促进我国改革开放和社会主义现代化事业的胜利发展中发挥伟大的作用。”

由石家庄职业技术学院（广播电视大学）王文宝同志担任主编，组织学校各部门法律专业的13名同志共同编写了《宪法知识社区普及读本》。这是一套面向全体社区群众宣传普及宪法知识的书籍。编写的目的旨在通过通俗易懂、生动活泼的小故事和多样性的形式，将宪法知识渗透到社区群众中，让社区群众在轻松愉悦的阅读中吸收宪法精髓。本书把宪法的规定同社区群众日常的工作、学习、生活紧密地结合起来，用通俗易懂的语言和最容易接受的方式宣传宪法，更容易激发人们学习宪法的兴趣和热情。让广大社区居民了解我国的基本政治经济制度的内容，了解我国国家机构的组成及各国家机关的主要职责，了解我国公民的基本权利和义务，正确认识社会主义制度的优越性，增强权利义务观念。并且通过宣传宪法知识，弘扬宪法精神，增强广大社区群众的宪法意识，使“尊崇宪法、学习宪法、遵守宪法、维护宪法、运用宪法”真正融入社区群众的思维方式、生活方式、行为方式中，使全体社区群众成为宪法的忠实崇尚者、自觉遵守者、坚定捍卫者。

《宪法知识社区普及读本》致力于更好地发挥法治宣传教育在服务发展、维护稳定，推进依法治国、依法治市中的重要作用。它对于积极贯彻落实党的十九大报告中“加大全民普法力度，建设社会主义法治文化，树立宪法法律至上、法律面前人人平等的法治理念”的精神，对于营造浓厚的法治氛围，继续深入学习贯彻习近平新时代中国特色社会主义思想和党的十九大精神都有着积极的、重要的意义。

郝如玉

2018 年 11 月

（注：作者为第十一、十二届全国人大常委会委员，财经委副主任委员，北京市哲学社会科学国家税收法律研究基地首席专家，博士生导师。）

序二

宪法是国家的根本大法，是治国安邦的总章程，是党和人民意志的集中体现。宪法保障了我国的改革开放和社会主义现代化建设，促进了我国的社会主义民主建设，促进了我国各项社会事业的发展。

为了增强全社会的宪法意识，弘扬宪法精神，加强宪法实施，全面推进依法治国，每年12月4日定为国家宪法日。宪法日的确定体现了党和国家对依法治国的坚强决心，传递了“依宪治国”“依宪执政”的理念，更成为全民宪法学习的“教育日、普及日、深化日”。

2018年9月17日，石家庄社区宪法教育学院成立，这是石家庄社区学院成立的第8个分院，其社区教育模式被省、市领导誉为“石家庄模式”，社区宪法教育学院的成立使社区普法教育工作向“有规划、有秩序、全覆盖、常态化”的方向发展迈出了一大步。宪法学院为进一步配合宪法宣传面向社区居民推出了此宪法读本，读本通俗易懂、图文并茂，将宪法知识融入了日常工作生活之中，增加了读本的吸引力及通俗性。

《宪法知识社区普及读本》作为宪法学习宣传的有力载体，可以极大地促进社区居民对宪法的学习热情，引导社区居民学习宪法知识，树立法治观念，增强宪法意识，弘扬宪法精神，维护宪法权威，成为宪法的忠实崇尚者、自觉遵守者、坚定捍卫者，进而引导全社会形成尊崇宪法、学习宪法、遵守宪法、维护宪法、运用宪法的良好社会风尚，对深入开展宪法宣传教育，全面推进依法治国起积极的促进作用。

陈联记　王升

2018 年 11 月

（注：作者陈联记为石家庄职业技术学院党委书记，王升为石家庄职业技术学院院长）

前言

宪法是国家的根本大法，是治国安邦的总章程，具有最高的法律地位、法律效力，具有根本性、全局性、稳定性、长期性的基本特征。全面贯彻实施宪法，是建设社会主义法治国家的首要任务和基础性工作。

中华人民共和国成立后，曾于 1954 年 9 月 20 日、1975 年 1 月 17 日、1978 年 3 月 5 日和 1982 年 12 月 4 日通过四部宪法，现行宪法为 1982 年宪法，并历经 1988 年、1993 年、1999 年、2004 年、2018 年五次修订。我国宪法以国家根本法的形式，确认了中国共产党领导中国人民进行革命、建设、改革的伟大斗争和根本成就，确立了工人阶级领导的、以工农联盟为基础的人民民主专政的社会主义国家的国体和人民代表大会制度的政体，确定了国家的根本任务、领导核心、指导思想、发展道路、奋斗目标，规定了中国共产党领导的多党合作的政治协商制度、民族区域自治制度以及基层群众自治制度，规定了社会主义法治原则、民主集中制原则、尊重和保障人权原则，等等，反映了我国各族人民共同意志和根本利益。任何组织或者个人，都不得有超越宪法和法律的特权。一切违反宪法和法律的行为，都必须予以追究。

本书选取了宪法中和社区居民息息相关的部分法律条文，以通俗易懂为原则，以主人公小华的成长过程为主线，以故事的形式，诠释了其中所蕴含的法律精髓。为使读本更具趣味性，所有故事均配有漫画，旨在使宪法走进社区群众的生活，让宪法精神植根于人民大众广袤土壤之中。

目录

一、习近平新时代中国特色社会主义思想写入宪法，祖国跨进新时代

十三届全国人大一次会议表决通过了《中华人民共和国宪法修正案》，把习近平新时代中国特色社会主义思想载入宪法，以国家根本法的形式确立习近平新时代中国特色社会主义思想在国家政治和社会生活中的指导地位。

2018 年 3 月 17 日，在十三届全国人大一次会议上，习近平主席面对近 3000 名全国人大代表、面对 13 亿多人民，庄严进行宪法宣誓。这是新中国成立以来，我国最高领导人首次进行宪法宣誓，充分体现了习近平总书记率先垂范，带头尊崇宪法、维护宪法、恪守宪法的高度政治自觉，充分体现了国家领袖对宪法的尊重、对人民的尊重，充分体现了以习近平同志为核心的党中央坚持依宪治国、依宪执政的坚定意志和坚强决心，为全体国家工作人员作出了表率。

二、了解祖国，爱我中华

暑假过后，小华就要成为一名正式的小学生了。赶在开学前，爸爸特地带小华来北京旅游。第二天一大早，天还没亮，爸爸就带小华来到了天安门广场。虽然太阳还没升起，可是广场上已经密密麻麻聚集了很多人。小华问爸爸：“爸爸，这里怎么有这么多人啊?”爸爸说：“大家和我们一样，都在等着看升国旗呢。”一会儿，鲜艳的五星红旗在庄严的《义勇军进行曲》伴奏下冉冉升起。爸爸告诉小华：“五星红旗是我们国家的国旗，《义勇军进行曲》是我们国家的国歌，国家的首都是……”

小华抢着说：“爸爸爸爸，我知道我知道，首都是北京。”

爸爸笑着说：“对对对，我们国家的首都是北京。”

【宪法条文链接】

《中华人民共和国宪法》第一百四十一条 中华人民共和国国旗是五星红旗。

中华人民共和国国歌是《义勇军进行曲》。

《中华人民共和国宪法》第一百四十二条 中华人民共和国国徽，中间是五星照耀下的天安门，周围是谷穗和齿轮。

第一百四十三条 中华人民共和国首都是北京。

【知识扩展】

北京，简称“京”，是中华人民共和国的首都，全国政治中心、文化中心、国际交往中心、科技创新中心，是中国共产党中央委员会、全国人民代表大会、国务院、中国人民政治协商会议全国委员会、中华人民共和国中央军事委员会所在地。

北京是首批国家历史文化名城和世界上拥有世界文化遗产数最多的城市，三千多年的历史孕育了故宫、天坛、八达岭长城、颐和园等众多名胜古迹。早在七十万年前，北京周口店地区就出现了原始人群部落“北京人”。公元前1045年，北京成为蓟、燕等诸侯国的都城。公元938年以来，北京先后成为辽陪都，金中都，元大都，明、清国都。1949年10月1日成为中华人民共和国首都。

三、社会主义好，共产党亲

小华姑姑家所在的村子是有名的贫困村，小华已经三年没去过了。今年暑假小华去姑姑家走亲戚，发现有名的贫困村变了样。村里以前坑坑洼洼的土路变成宽敞平坦的柏油马路了，原来破旧不堪的土坯房变成了宽敞明亮的砖瓦房，村容村貌焕然一新。

小华问姑姑：“几年不来，村里变化怎么这么大啊？”

姑姑说：“政府派来了驻村扶贫工作队，帮助村里修了道路，建了果园，开了农家乐，村民收入翻了番，生活变了样，就连五保户也住进了敬老院。还是社会主义好，共产党亲啊！”

【宪法条文链接】

《中华人民共和国宪法》第一条 中华人民共和国是工人阶级领导的、以工农联盟为基础的人民民主专政的社会主义国家。

社会主义制度是中华人民共和国的根本制度。中国共产党领导是中国特色社会主义最本质的特征。禁止任何组织或者个人破坏社会主义制度。

《中华人民共和国宪法》第六条 中华人民共和国的社会主义经济制度的基础是生产资料的社会主义公有制，即全民所有制和劳动群众集体所有制。社会主义公有制消灭人剥削人的制度，实行各尽所能、按劳分配的原则。

国家在社会主义初级阶段，坚持公有制为主体、多种所有制经济共同发展的基本经济制度，坚持按劳分配为主体、多种分配方式并存的分配制度。

【知识扩展】

我国公有制为主体、多种所有制经济共同发展的所有制结构，决定了必须实行按劳分配为主体、多种分配方式并存的分配制度。

1. 生产方式决定分配方式，生产资料所有制结构决定分配结构。以公有制为主体、多种所有制经济长期共同发展的所有制结构，决定了以按劳分配为主体、多种分配方式同时并存的分配结构。

2. 公有制实现形式的多样化也决定了分配形式的多样化。由于实行股份制、股份合作制、合作制、承包经营等实现形式，必然产生按劳分配以外的各种分配收入。

3. 社会主义市场经济体制的内在要求。发展社会主义市场经济，就必须遵循市场经济的规律，各种生产要素（劳动力、土地、资本、管理）都要有相应的市场评价，这些生产要素的所有者都应得到相应的收入。此外，市场经济中还需要有风险收入，以及通过社会保障获得的收入，等等。

总之，社会主义初级阶段多种分配方式的并存，是多种所有制经济、多种经营方式、市场经济运行的内在机制等诸多因素共同作用的结果。

四、私搭乱建惹人厌，市长热线帮解难

近段时间，小华所在的小区里违建成风。小区的楼前小院被业主们搭建出一个个简易房，私搭出来的房间大多和房屋主体连接，有的用作花房，有的则是为了扩大客厅面积。在小院前的公共绿地上，还有人搭架子种上了葡萄和蔬菜。

不少居民向街道办反映问题，但街道办负责同志说，已经劝说多次，无奈不听劝阻，他们也无能为力了。迫不得已情况下，有人拨打了市长热线 12345。

不久，在市长热线办的关注督促下，街道办事处联合有关部门对违法建筑进行了拆除，恢复了原貌，小区环境整洁如初。

【宪法条文链接】

《中华人民共和国宪法》第四十一条 中华人民共和国公民对于任何国家机关和国家工作人员，有提出批评和建议的权利；对于任何国家机关和国家工作人员的违法失职行为，有向有关国家机关提出申诉、控告或者检举的权利，但是不得捏造或者歪曲事实进行诬告陷害。

对于公民的申诉、控告或者检举，有关国家机关必须查清事实，负责处理。任何人不得压制和打击报复。

【知识扩展】

街道办事处，简称街道办、街办等，是中华人民共和国的市辖区或不设区的市人民政府的派出机关。其辖区为街道，与乡和镇同属乡级行政区。根据民政部统计，截至2016年底，中国大陆全境有街道8105个。

街道办事处是基本城市化的行政区划，下辖若干社区居民委员会，或有极少数的行政村。

街道办事处是市辖区人民政府或不设区的市人民政府的派出机关，受市辖区人民政府或不设区的市人民政府领导，行使市辖区或不设区的市人民政府赋予的职权。基本职能是：

1. 贯彻执行党和国家的路线、方针、政策，以及市、区关于街道工作方面的指示，制订具体的管理办法并组织实施。

2. 指导、搞好辖区内居委会的工作，支持、帮助居民委员会加强思想、组织、制度建设，向上级人民政府和有关部门及时反映居民的意见、建议和要求。

3. 抓好社区文化建设，开展文明街道、文明单位、文明小区建设活动，组织居民开展经常性的文化、娱乐、体育活动。

4. 负责街道的人民调解、治安保卫工作，加强对违法青少年的帮教转化，保护老人、妇女、儿童的合法权益。

5. 协助有关部门做好辖区拥军优属、优抚安置、社会救济、殡葬改革、残疾人就业等工作；积极开展便民利民的社区服务和社区教育工作。

6. 会同有关部门做好辖区内常住和流动人口的管理及计划生育工作，完成区下达的各项计划生育指标任务。

7. 协助武装部门做好辖区民兵训练和公民服兵役工作。

8. 负责在辖区开展普法教育工作，做好民事调解，开展法律咨询、服务等工作，维护居民的合法权益，搞好辖区内社会管理综合治理工作。

9. 负责本辖区的城市管理工作，发动群众开展爱国卫生运动，绿化、美化、净化城市环境，协助有关部门做好环境卫生、环境保护工作。

10. 负责本辖区的综合执法工作，维护辖区的良好秩序。

11. 负责研究辖区经济发展的规划，协助有关部门抓好安全生产工作。

12. 配合有关部门做好辖区内的三防、抢险救灾、安全生产检查、居民迁移等工作。

13. 承办区委、区政府交办的其他工作。

五、孤寡老人不孤单，社区关怀暖心田

小华姥爷对小华说：“隔壁邻居王奶奶，无儿无女，非常孤单。快过年了，咱俩去给王奶奶送点儿年货。”

于是，两人来到了王奶奶家，发现家里很热闹，原来是社区的工作人员送来了米、面、肉等年货，王奶奶脸上洋溢着幸福的笑容。

【宪法条文链接】

《中华人民共和国宪法》第四十五条 中华人民共和国公民在年老、疾病或者丧失劳动能力的情况下，有从国家和社会获得物质帮助的权利。国家发展为公民享受这些权利所需要的社会保险、社会救济和医疗卫生事业。

国家和社会保障残废军人的生活，抚恤烈士家属，优待军人家属。

国家和社会帮助安排盲、聋、哑和其他有残疾的公民的劳动、生活和教育。

【知识扩展】

1. 公民获得物质帮助的情况

公民获得物质帮助的情况是年老、疾病或者丧失劳动能力。“年老”是指公民在国家规定的职工退休年龄以上，已没有劳动能力或者不适于继续参加劳动。“疾病”是指公民因为患有某种疾病无能力或者不适于继续参加劳动。“丧失劳动能力”是指包括年老、疾病或者其他原因而失去劳动能力。具备上述三个条件之一，公民即有权从国家和社会获得物质帮助。国家的物质帮助是指政府有关部门，如民政、劳动等部门向上述公民提供基本生活条件方面的物质帮助。社会的物质帮助是指集体经济组织、人民团体、群众自治组织以及社会其他方面提供的各类物质帮助。

2. 国家发展社会保障事业

国家努力发展社会保障事业。国家社会保障事业发展的状况，直接关系人民群众物质文化生活水平的整体发展，关系社会稳定，关系社会主义优越性的发挥。具体说来，要在以下三个方面大力发展社会保障事业：（1）发展社会保险事业。社会保险是通过保险方式为公民在年老、患病、丧失劳动能力等情况下提供各种帮助措施的总称。（2）发展社会救济事业。社会救济包括对既无人供养又丧失劳动能力的人的救济，也包括对因自然灾害或者其他不幸事故而蒙受灾难者的救济。（3）发展医疗卫生事业。

3. 特殊群体的物质帮助

保障残废军人生活、优抚军烈属以及帮助残疾人，也是发展社会保障事业的重要组成部分。残废军人是为了保家卫国而使自己的身体致残，军烈属为了保家卫国而献出了亲人的生命，国家应当对他们的生活给予照顾和实行优抚。此外，国家和社会还努力保障残疾人等弱势社会群体的利益。国家和社会帮助安排盲、聋、哑和其他有残疾的公民的劳动、生活和教育。为落实宪法的这一规定，国家制定了残疾人权益保障法，对有关保障残疾人权益的事项做出了详细规定。

六、不忘养育恩，养老是义务

重阳节到了，舅舅、舅妈、小姨和姨夫带着各种礼物来到了小华姥爷家。小姨和妈妈在厨房张罗着做饭，舅舅陪姥爷下棋，小华给姥爷捶背，姥爷脸上乐开了花，一家人其乐融融。

【宪法条文链接】

《中华人民共和国宪法》第四十九条 婚姻、家庭、母亲和儿童受国家的保护。

夫妻双方有实行计划生育的义务。

父母有抚养教育未成年子女的义务，成年子女有赡养扶助父母的义务。

禁止破坏婚姻自由，禁止虐待老人、妇女和儿童。

【知识扩展】

“百善孝为先。”“孝”是我们中华民族的传统美德。除了宪法中明确把子女赡养扶助父母作为中华人民共和国公民的义务外，《中华人民共和国婚姻法》第二十一条也规定，父母对子女有抚养教育的义务，子女对父母有赡养扶助的义务。父母不履行抚养义务时，未成年的或不能独立生活的子女，有要求父母付给抚养费的权利。子女不履行赡养义务时，无劳动能力的或生活困难的父母，有要求子女付给赡养费的权利。禁止溺婴、弃婴和其他残害婴儿的行为。

七、厉行节约，反对浪费

晚上，小华和爸爸在家看《新闻联播》，新闻中正在播报“舌尖上的浪费”。我国一年浪费的粮食高达2000亿元，被倒掉的食物相当于2亿多人一年的口粮。与此形成鲜明对照的是，我国还有为数众多的农村扶贫对象、城市贫困人口以及其他困难群众。这条新闻对小华触动很大，小华对爸爸说，自己以后再不挑肥拣瘦、胡乱丢弃食物了。

【宪法条文链接】

《中华人民共和国宪法》第十四条 国家厉行节约，反对浪费。

【知识扩展】

2013 年 1 月 23 日播出的《新闻联播》，就社会集中关注的“舌尖上的浪费”问题进行了直播评论。“舌尖上的浪费”见诸网上后，中央高层对此非常关注。习近平总书记就新华社一篇内参报道做出重要批示，要求严格落实各项节约措施，坚决杜绝公款浪费现象，使厉行节约、反对浪费在全社会蔚然成风。

古语有“天育物有时，地生财有限”，这道出了粮食生产的极为不易。对于拥有 13 亿多人口的中国而言，厉行节约、反对浪费意义重大。

古人尚懂得“粒粒皆辛苦”的道理，我们今人更不能浪费口粮，糟蹋社会资源。

《人民日报》报道，2013 年，由热心民众发起、餐饮企业加入的吃尽盘中餐——“光盘行动”，掀起一股餐桌新风。餐桌文明是人类文明的缩影。“一粥一饭，当思来之不易；半丝半缕，恒念物力维艰。”“光盘行动”唤起了人们爱惜粮食、反对浪费的责任，弘扬了中华民族勤俭节约的优良传统，也培育了新的生活观、消费观，实在是一种利国、利民、利己的美德善举，值得大力提倡和践行。

八、义务教育须普及，高等教育需发展

小华的堂哥刚考上大学，由于经济拮据，堂哥暑假打工凑学费。正上小学的小华告诉爸爸，自己也要暑假打工挣学费。爸爸一听就乐了，告诉小华，小学和初中是义务教育，法律规定义务教育免收学费，而堂哥上的是高等教育，是要交学费的。为了使小华对中国的教育体系有更深入的认识，小华的爸爸就绘制了中国教育体系框架图。

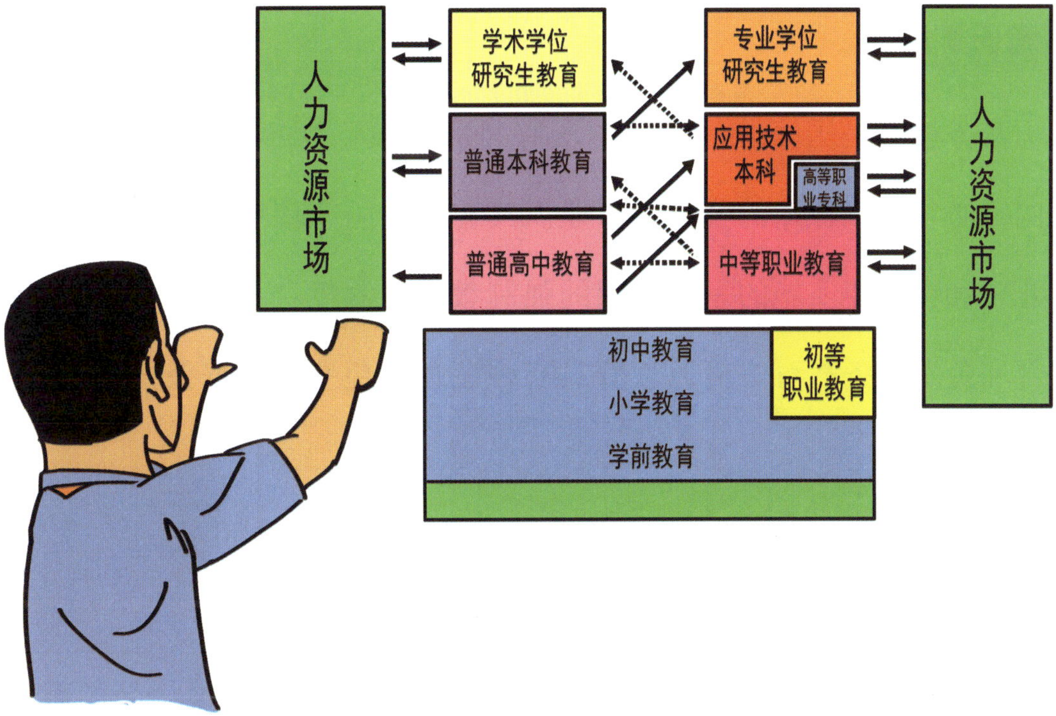

【宪法条文链接】

《中华人民共和国宪法》第十九条 国家举办各种学校，普及初等义务教育，发展中等教育、职业教育和高等教育，并且发展学前教育。

《中华人民共和国宪法》第三十三条 中华人民共和国公民在法律面前一律平等。

任何公民享有宪法和法律规定的权利，同时必须履行宪法和法律规定的义务。

《中华人民共和国宪法》第四十六条 中华人民共和国公民有受教育的权利和义务。

【知识扩展】

义务教育是国家统一实施的所有适龄儿童、少年必须接受的教育，是国家必须予以保障的公益性事业。其实质是国家依照法律的规定对适龄儿童和青少年实施的一定年限的强制教育的制度。义务教育又称强迫教育和免费义务教育。义务教育具有强制性、免费性、普及性和世俗性的基本特点。

《中华人民共和国义务教育法》对义务教育做了详细的规定：

第二条　国家实行九年义务教育制度。

义务教育是国家统一实施的所有适龄儿童、少年必须接受的教育，是国家必须予以保障的公益性事业。

实施义务教育，不收学费、杂费。

国家建立义务教育经费保障机制，保证义务教育制度实施。

第三条　义务教育必须贯彻国家的教育方针，实施素质教育，提高教育质量，使适龄儿童、少年在品德、智力、体质等方面全面发展，为培养有理想、有道德、有文化、有纪律的社会主义建设者和接班人奠定基础。

第四条　凡具有中华人民共和国国籍的适龄儿童、少年，不分性别、民族、种族、家庭财产状况、宗教信仰等，依法享有平等接受义务教育的权利，并履行接受义务教育的义务。

第五条　各级人民政府及其有关部门应当履行本法规定的各项职责，

保障适龄儿童、少年接受义务教育的权利。

适龄儿童、少年的父母或者其他法定监护人应当依法保证其按时入学接受并完成义务教育。

依法实施义务教育的学校应当按照规定标准完成教育教学任务，保证教育教学质量。

社会组织和个人应当为适龄儿童、少年接受义务教育创造良好的环境。

九、热爱祖国大好河山，保护历史文化遗产

国庆长假期间，小华一家外出旅游。他们不但去了古都西安，参观了大雁塔、兵马俑、华清池，还去了牡丹名城洛阳，游览了龙门石窟、少林寺。小华这次旅行玩儿得很高兴，看到了名胜古迹。爸爸告诉小华这些都是中国的历史文化遗产，我们要好好保护。

【宪法条文链接】

《中华人民共和国宪法》第二十二条 国家保护名胜古迹、珍贵文物和其他重要历史文化遗产。

【知识扩展】

历史文化遗产是指具有一定历史意义，与人类生活息息相关，存在历史价值的文物，其主要包括物质文化遗产和非物质文化遗产。物质文化遗产，又称“有形文化遗产”，即传统意义上的“文化遗产”，根据《保护世界文化和自然遗产公约》（简称《世界遗产公约》），包括历史文物、历史建筑、人类文化遗址。中国制定《中华人民共和国文物保护法》（1982 年通过，1991 年、2007 年两次修正，2002 年修订），于 1985 年正式加入《保护世界文化与自然遗产公约》。2002 年，文化部、国家文物局、国家计委、财政部、教育部、建设部、国土资源部、环保总局、国家林业局向各地方政府发布了《关于加强和改善世界遗产保护管理工作的意见》。

根据联合国教科文组织的《保护非物质文化遗产公约》定义，非物质文化遗产是指被各群体、团体，有时为个人所视为其文化遗产的各种实践、表演、表现形式、知识体系和技能及其有关的工具、实物、工艺品和文化场所。根据《中华人民共和国非物质文化遗产法》的规定，非物质文化遗产是指各族人民世代相传并视为其文化遗产组成部分的各种传统文化表现形式，以及与传统文化表现形式相关的实物和场所。包括：（1）传统口头文学以及作为其载体的语言；（2）传统美术、书法、音乐、舞蹈、戏剧、曲艺和杂技；（3）传统技艺、医药和历法；（4）传统礼仪、节庆等民俗；（5）传统体育和游艺；（6）其他非物质文化遗产。属于非物质文化遗产组成部分的实物和场所，凡属文物的，适用《中华人民共和国文物保护法》的有关规定。

十、土地归国家，不可私乱搭

小华的爸爸带着小华在外游玩，突然发现有人在马路边用挖掘机拆房。小华好奇地问爸爸，为什么盖的好端端的房子要被拆掉。爸爸说那是违章建筑，城市的土地属于国家所有，个人不能私搭乱建。

【宪法条文链接】

《中华人民共和国宪法》第十条 城市的土地属于国家所有。

农村和城市郊区的土地，除由法律规定属于国家所有的以外，属于集体所有；宅基地和自留地、自留山，也属于集体所有。

国家为了公共利益的需要，可以依照法律规定对土地实行征收或者征用并给予补偿。

任何组织或者个人不得侵占、买卖或者以其他形式非法转让土地。土地的使用权可以依照法律的规定转让。

一切使用土地的组织和个人必须合理地利用土地。

【知识扩展】

根据《土地管理法》第八条和《土地管理法实施条例》第二条的规定，下列土地属于全民所有即国家所有：

（1）城市市区的土地；

（2）农村和城市郊区中已经依法没收、征收、征购为国有的土地；

（3）国家依法征用的土地；

（4）依法不属于集体所有的林地、草地、荒地、滩涂及其他土地；

（5）农村集体经济组织全部成员转为城镇居民的，原属于其成员集体所有的土地；

（6）因国家组织移民、自然灾害等原因，农民成建制地迁移后不再使用的原属于迁移农民集体所有的土地。

十一、家庭联产承包好，百姓生活奔小康

寒假小华回老家过春节，听爸爸和爷爷聊天。爸爸说：“今年又是大丰收啊。”爷爷说：“咱们国家实行家庭联产承包责任制后，日子都富裕了。”小华不解地问：“什么是家庭联产承包责任制啊？”爸爸给小华解释说：“家庭联产承包责任制是农民以家庭为单位，向集体经济组织（主要是村、组）承包土地等生产资料的农业生产责任制形式。农民可以在自己的土地上独立经营，自主生产，收益归自己，咱们现在吃的米、面、油都是从咱们的土地上生产的。”

【宪法条文链接】

《中华人民共和国宪法》第八条 农村集体经济组织实行家庭承包经营为基础、统分结合的双层经营体制。农村中的生产、供销、信用、消费等各种形式的合作经济，是社会主义劳动群众集体所有制经济。参加农村集体经济组织的劳动者，有权在法律规定的范围内经营自留地、自留山、家庭副业和饲养自留畜。

城镇中的手工业、工业、建筑业、运输业、商业、服务业等行业的各种形式的合作经济，都是社会主义劳动群众集体所有制经济。

国家保护城乡集体经济组织的合法的权利和利益，鼓励、指导和帮助集体经济的发展。

【知识扩展】

农村集体经济组织，是指对土地拥有所有权的经济组织，产生于20世纪50年代初的农业合作化运动。农村集体经济组织既不同于企业法人，又不同于社会团体，也不同于行政机关，自有其独特的政治性质和法律性质。

农村集体经济组织是除国家以外对土地拥有所有权的唯一的一个组织。它是为实行社会主义公有制改造，在自然乡村范围内，由农民自愿联合，将其各自所有的生产资料（土地、较大型农具、耕畜）投入集体所有，由集体组织农业生产经营，农民进行集体劳动，各尽所能，按劳分配的农业社会主义经济组织。

农村集体经济组织在人民公社解体后，生产队一级组织仍按原规模延续下来，但名称有的已变化，各地称谓不一；其经营方式，已由原来的集体经营按劳分配变为现在的家庭经营了。

十二、年满一十八，选票才能拿

又到了居委会选举换届的时候了，10 岁的小华和姥爷来到居委会进行了选民登记。没过几日，工作人员给姥爷送来了选票，小华不解地问工作人员："阿姨，为什么不给我发选票呢?"工作人员笑了："你还小呢，等你 18 周岁了，我们就会给你发选票哟!"

【宪法条文链接】

《中华人民共和国宪法》第三十四条 中华人民共和国年满十八周岁的公民，不分民族、种族、性别、职业、家庭出身、宗教信仰、教育程度、财产状况、居住期限，都有选举权和被选举权；但是依照法律被剥夺政治权利的人除外。

【知识扩展】

任何人都享有选举权和被选举权吗？

我国宪法赋予了公民充分且确定的选举权和被选举权，但是并非任何人都享有选举权和被选举权。享有选举权和被选举权的主体需要满足以下条件：

（1）具有中华人民共和国国籍。

（2）年满18周岁。

但是依照法律被剥夺政治权利的人除外。一般情况，行为人会因为触犯刑法而被剥夺政治权利。从刑罚适用角度看，剥夺政治权利既能够附加适用，也可以独立适用。

根据《刑法》第五十六条和第五十七条的规定，附加适用剥夺政治权利的对象主要是以下三种犯罪分子：

（1）危害国家安全的犯罪分子。

（2）故意杀人、强奸、放火、爆炸、投毒、抢劫等严重破坏社会秩序的犯罪分子。

（3）被判处死刑和无期徒刑的犯罪分子，对该类犯罪分子应当剥夺政治权利终身。

根据1997年12月23日中华人民共和国最高人民法院《关于对故意伤害、盗窃等严重破坏社会秩序的犯罪分子能否附加剥夺政治权利问题的批复》的规定，对故意伤害和盗窃等其他严重破坏社会秩序的犯罪，犯罪分子主观恶性较深和犯罪情节恶劣、罪行严重的，也可以依法附加剥夺政治权利。

剥夺政治权利独立适用时，其被当作一种不剥夺罪犯人身自由的轻刑，适用于罪行较轻与不需要判处主刑的罪犯。剥夺政治权利被独立适用时，基本包括以下几种类型犯罪：

（1）危害国家安全罪中的分裂国家罪，煽动分裂国家罪，武装叛乱或者武装暴乱罪，煽动颠覆政权罪，资助罪。

（2）侵犯公民人身权利、民主权利罪中的非法剥夺他人人身自由罪，侮辱、诽谤罪，煽动民族仇恨、民族歧视罪，破坏选举罪。

（3）妨害社会管理秩序罪中的妨害公务罪，聚众扰乱社会秩序罪，招摇撞骗罪，伪造、变造或者盗窃、抢夺、毁灭国家机关的公文、证件、印章罪，伪造公司、企业、事业单位、人民团体的印章罪，伪造、变造居民身份证罪，聚众“打砸抢”罪，扰乱社会秩序罪，聚众扰乱公共场所秩序、交通秩序罪，组织黑社会性质组织罪，非法集会、游行、示威罪，非法携带武器、管制刀具或者爆炸物参加集会、游行、示威罪，破坏依法举行的集会、游行、示威罪，侮辱国旗、国徽罪。

（4）危害国防利益罪中的聚众扰乱军事禁区、军事管理区罪，伪造、变造、买卖或者盗窃、抢夺武装部队公文、证件、印章罪。

（5）渎职罪中的泄露国家秘密罪，司法工作人员徇私枉法罪。

刑法分则条文中没有规定剥夺政治权利的犯罪，不得独立适用剥夺政治权利。

十三、政治权利广，行使须合法

小华的姥爷编写了一部科普读本，并送到了出版社。在等待出版社回复的过程中，小明多次询问姥爷什么时候才能看到姥爷的书。姥爷告诉小华：“要等待出版社审核通过后才能出版，因为国家赋予了我们政治自由，包括言论、出版、集会、结社、游行、示威的自由，但是这些自由的享有都是要以符合法律规定为前提的。出版单位实行编辑责任制度，保障出版物刊载的内容符合法律规定。”

【宪法条文链接】

《中华人民共和国宪法》第三十五条 中华人民共和国公民有言论、出版、集会、结社、游行、示威的自由。

【知识扩展】

政治自由可以不受约束地享有吗?

权利义务是对立统一的，任何自由都是受约束的自由，我国公民言论、出版、集会、结社、游行、示威的自由权利都写入我国宪法，这说明公民行使这些权利有法律的保证。同时我国公民言论、出版、集会、结社、游行、示威的自由，都必须在国家法律、法规规定的范围内行使。自由是相对的，而不是绝对的，自由要受法律的制约。自由和法律是统一的，法律是自由的体现和保证。也就是说，自由只能做法律允许的事情，超越法律许可的范围，就是违法乃至犯罪行为，就要受到法律的限制或制裁。

十四、人身自由受保护，执行公务须合法

晚上，小华放学后，对爸爸说："爸爸，我们班同学小刚今天上早课迟到了被张老师罚站几分钟。小刚爸爸是一名警察，后来开着警车到学校，将张老师拷起带走。下午快放学的时候才回来，听其他老师说张老师被关进审讯室5个多小时。"爸爸说："这是严重的违法行为，是非法剥夺公民人身自由，一定会受到法律追究。"

【宪法条文链接】

《中华人民共和国宪法》第三十七条 中华人民共和国公民的人身自由不受侵犯。

任何公民，非经人民检察院批准或者决定或者人民法院决定，并由公安机关执行，不受逮捕。

禁止非法拘禁和以其他方法非法剥夺或者限制公民的人身自由，禁止非法搜查公民的身体。

【知识扩展】

时下网络上流传着“警察在执法过程中必须出示执法证”的网文，很多人提出以上观点的依据是《行政处罚法》第三十四条规定“执法人员当场作出行政处罚决定的，应当向当事人出示执法身份证件……”。这种观点是正确的吗？通过对相关法律规定的梳理，我们不难发现，公安部对此有明确的答复——《公安部关于公安机关是否申领地方政府统一制发的〈行政执法证〉问题的批复》（公复字〔1996〕12号）明确答复：公安机关不必申领地方政府制发的《行政执法证》。

十五、私有财产受保护，其他人等莫侵犯

小华爷爷在自己还未盖房子的宅基地上种了几十棵树。一天小华爷爷发现村民张某正在偷偷砍树，小华爷爷急忙上前制止，说：“这些树是我家的，你不能砍。”两人为此发生了激烈的争执。村长闻讯而来，告诉张某这树是小华爷爷家的私有财产，受法律保护，其他人不能随意砍伐。张某听了村长的解释后才明白，原来自己的行为已经违法，连忙向小华爷爷赔礼道歉，并且进行了适当赔偿。

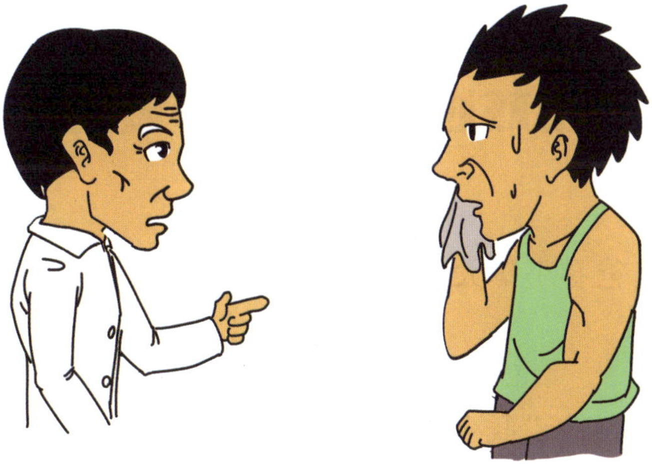

【宪法条文链接】

《中华人民共和国宪法》第十三条 公民的合法的私有财产不受侵犯。

国家依照法律规定保护公民的私有财产权和继承权。

国家为了公共利益的需要，可以依照法律规定对公民的私有财产实行征收或者征用并给予补偿。

【知识扩展】

宅基地是农村的农户或个人用作住宅基地而占有、利用本集体所有的土地。包括建了房屋、建过房屋或者决定用于建造房屋的土地，建了房屋的土地、建过房屋但已无上盖物或不能居住的土地，以及准备建房用的规划地三种类型。宅基地的所有权属于农村集体经济组织。

2018 年 1 月，国土部消息，我国将探索宅基地所有权、资格权、使用权“三权分置”，落实宅基地集体所有权，保障宅基地农户资格权，适度放活宅基地使用权。

十六、牢记核心价值观，争做文明好公民

周六晚上爸爸看小华大汗淋漓地回到了家里，爸爸问："这是干什么去了？"

小华对爸爸说："我今天一天可忙了。我和同学上午去了博物馆，参观了中山国[①]历史文化展。然后又去了科技馆，观看了机器人表演。下午去了敬老院，帮助老人们擦玻璃、洗衣服、打扫院子，干了好多活。"

爸爸说："你这一天虽然忙碌，但过得充实而有意义。既感受了历史文化的悠久，又见识了科技的神奇，还践行了敬老爱老、帮助老人的优良传统。你这一天所做的也正是我们国家社会主义核心价值观所倡导的。"

① 中山国（公元前414年—前296年），建立者出自中山武公，是由白狄所建立的国家，因城（中人城）中有山而得名中山国。国土嵌在燕赵之间。经历了戎狄、鲜虞和中山三个发展阶段，曾长期与晋国等中原国家交战，一度被视为中原国家的心腹大患，经历了邢侯搏戎、晋侯抗鲜虞的事件。后来，晋国魏文侯派大将乐羊、吴起统帅军队，经过三年苦战，在公元前407年占领了中山国。后来中山桓公复国，国力鼎盛，有战车九千乘。公元前296年，被赵国所灭。（资料来源于百度百科）

【宪法条文链接】

《中华人民共和国宪法》第二十四条　国家倡导社会主义核心价值观，提倡爱祖国、爱人民、爱劳动、爱科学、爱社会主义的公德，在人民中进行爱国主义、集体主义和国际主义、共产主义的教育，进行辩证唯物主义和历史唯物主义的教育，反对资本主义的、封建主义的和其他的腐朽思想。

【知识扩展】

党的十八大提出，倡导富强、民主、文明、和谐，倡导自由、平等、公正、法治，倡导爱国、敬业、诚信、友善，积极培育和践行社会主义核心价值观。富强、民主、文明、和谐是国家层面的价值目标，自由、平等、公正、法治是社会层面的价值取向，爱国、敬业、诚信、友善是公民个人层面的价值准则，这 24 个字是社会主义核心价值观的基本内容。

十七、忠于国家宪法，维护宪法权威

小华已经是大学一年级的学生了，在法律课堂上小华提出一个问题："老师，宪法的权威性体现在哪些方面?"老师解释道："一切法律、行政法规和地方性法规都不得同宪法相抵触。一切国家机关和武装力量、各政党和各社会团体、各企业事业组织都必须遵守宪法和法律。一切违反宪法和法律的行为，必须予以追究。任何组织或者个人都不得有超越宪法和法律的特权。这些就是宪法的权威性体现。"

【宪法条文链接】

《中华人民共和国宪法》第五条 中华人民共和国实行依法治国，建设社会主义法治国家。

国家维护社会主义法制的统一和尊严。

一切法律、行政法规和地方性法规都不得同宪法相抵触。

一切国家机关和武装力量、各政党和各社会团体、各企业事业组织都必须遵守宪法和法律。一切违反宪法和法律的行为，必须予以追究。

任何组织或者个人都不得有超越宪法和法律的特权。

【知识扩展】

（一）宪法是国家的根本大法

宪法之所以是国家的根本法，是因为宪法以法律的形式确立和规定了国家的根本问题，包括国家的性质、国家的根本任务和基本制度、国家的政体和权力主体、公民的基本权利和义务等重大问题。

（二）国家必须树立宪法权威

1. 宪法是治国安邦的总章程。宪法是保持国家统一、民族团结、经济发展、社会进步和长治久安的法律基础，是全社会都必须遵行的根本规范。

2. 依法治国首先是依宪治国。

3. 宪法具有最高的法律效力。宪法的权威是由宪法的最高效力决定的。

4. 宪法是党的主张和人民意志相统一的体现。

（三）树立和维护宪法权威是全社会的义务和责任

1. 要求国家的一切法律、法规都不得与宪法相抵触。立法必须以宪法为根据，严格按照宪法原则和宪法确立的立法权限、程序，科学立法、民主立法。

2. 要树立宪法观念，增强宪法意识。每个单位、每个领导干部、每个公民都必须以宪法为根本的活动准则，负有维护宪法尊严、保证宪法实施的职责，在全党全社会树立维护宪法权威的义务观念和责任感。

3. 要加强宪法实施的监督，纠正违宪行为。

4. 要认真落实宪法关于“国家尊重和保障人权”的要求。宪法是公民基本权利的基础，是人权的根本保障。

5. 要依照宪法原则推进司法体制改革，建立公正高效权威的社会主义司法制度，建立健全维护宪法尊严、保障宪法实施的司法体制。

6. 要维护宪法的稳定。宪法稳定是国家稳定的法律基础。维护宪法稳定就是维护国家根本制度的长期稳定，维护最广大人民的根本利益，维护国家的长治久安。

十八、公民踊参军，光荣服兵役

大学二年级的小华，已经年满18周岁啦。一天，辅导员组织征兵宣传班会，介绍了大学生征兵入伍的相关政策，同学们明白了凡是年满18周岁的男同学都要进行网上兵役登记。小华的同学小光在经过了报名、体检、政审等一系列流程后光荣入伍啦。

【宪法条文链接】

《中华人民共和国宪法》第五十五条 保卫祖国、抵抗侵略是中华人民共和国每一个公民的神圣职责。

依照法律服兵役和参加民兵组织是中华人民共和国公民的光荣义务。

【知识扩展】

2018 年高校学生参军入伍优惠政策：

1. 设立“退役大学生士兵”专项硕士研究生招生计划。根据实际需求，每年安排一定数量专项计划，专门面向退役大学生士兵招生。专项计划规模控制在 5000 人以内，在全国研究生招生总规模内单列下达，不得挪用。

2. 将高校在校生（含高校新生）服兵役情况纳入推免生遴选指标体系。鼓励开展推荐优秀应届本科毕业生免试攻读研究生工作的高校在制定本校推免生遴选办法时，结合本校具体情况，将在校期间服兵役情况纳入推免生遴选指标体系。在部队荣立二等功及以上的退役人员，符合研究生报名条件的可免试（指初试）攻读硕士研究生。

3. 将考研加分范围扩大至高校在校生（含高校新生）。退役人员在继续实行普通高校应届毕业生退役后按规定享受加分政策的基础上，允许普通高校在校生（含高校新生）应征入伍服义务兵役退役，在完成本科学业后 3 年内参加全国硕士研究生招生考试，初试总分加 10 分，同等条件下优先录取。

4. 退役大学生士兵专升本实行招生计划单列。高职（专科）学生应征入伍服义务兵役退役，在完成高职学业后参加普通本科专升本考试，实行计划单列，录取比例在现行 30% 的基础上适度扩大，具体比例由各省份根据本地实际和报名情况确定。

5. 高校新生录取通知书中附寄应征入伍优惠政策。高校向新生寄送《录取通知书》时，附寄应征入伍宣传单，宣传单主要内容包括优惠政策概要、报名流程指南、学籍注册要求等。

6. 放宽退役大学生士兵复学转专业限制。大学生士兵退役后复学，经学校同意并履行相关程序后，可转入本校其他专业学习。

7. 复学（入学）政策。应征入伍服义务兵役前正在高校就读的学生

（含高校新生），服役期间按国家有关规定保留学籍或入学资格，退役后2年内允许复学或入学。

8. 国家资助学费。国家对应征入伍服义务兵役的高校学生，在入伍时对其在校期间缴纳的学费实行一次性补偿或获得的国家助学贷款实行代偿；应征入伍服义务兵役前正在高校就读的学生（含高校新生），服役期间按国家有关规定保留学籍或入学资格、退役后自愿复学或入学的，国家实行学费减免；学费补偿、国家助学贷款代偿和学费减免标准，本专科学生每人每年最高不超过8000元，研究生每人每年最高不超过12000元。

9. 考试升学加分。普通高校应届毕业生应征入伍服义务兵役退役后3年内参加全国硕士研究生招生考试，初试总分加10分，同等条件下优先录取；在部队荣立二等功及以上的，符合研究生报名条件的可免试（指初试）攻读硕士研究生。

10. 高职（专科）升学。高职（专科）在校生（含高校新生）入伍经历可作为毕业实习经历；具有高职（专科）学历的毕业生，退役后免试入读成人本科；荣立三等功以上奖励的高职（专科）在校生（含高校新生），在完成高职（专科）学业后，免试入读普通本科。

11. 政法干警招录。各地拿出政法干警招录培养体制改革试点招录培养计划的20%左右，用于招录大学生退役士兵，不再实行加分政策。鼓励高学历退役士兵报考试点班，并适当增加招录大学生退役士兵的比例。

12. 免修军事技能。高校在校生（含高校新生）参军入伍退役后复学或入学，免修军事技能训练，直接获得学分。

13. 退役就业服务。高校毕业生士兵退役后一年内，可视同当年的应届毕业生，凭用人单位录（聘）用手续，向原就读高校再次申请办理就业报到手续，户档随迁（直辖市按照有关规定执行）；退役高校毕业生士兵可参加户籍所在地省级毕业生就业指导机构、原毕业高校就业招聘会，享受就业信息、重点推荐、就业指导等就业服务。

十九、保护环境，人人有责

大学三年级暑假，小华回老家看望爷爷奶奶，发现村前的小河臭气熏天，儿时鱼翔浅底、河水清澈的景象已经不见了。乡亲们说附近有一个化工厂，天天向河里排放污水。小华将河水被污染的情况拍了照片，立即到环保局进行了反映。很快，环保局来到化工厂，经查证后，对化工厂做出了停产整顿的决定。乡亲们都说小华办了一件大好事。

【宪法条文链接】

《中华人民共和国宪法》第二十六条 国家保护和改善生活环境和生态环境，防治污染和其他公害。

国家组织和鼓励植树造林，保护林木。

【知识扩展】

建设生态文明是关系人民福祉、关乎民族未来的大计，是实现中华民族伟大复兴中国梦的重要内容。2013 年 9 月 7 日，习近平总书记在哈萨克斯坦纳扎尔巴耶夫大学发表演讲并回答学生们提出的问题，在谈到环境保护问题时他指出："我们既要绿水青山，也要金山银山。宁要绿水青山，不要金山银山，而且绿水青山就是金山银山。"这生动形象地表达了我们党和政府大力推进生态文明建设的鲜明态度和坚定决心。要按照尊重自然、顺应自然、保护自然的理念，贯彻节约资源和保护环境的基本国策，把生态文明建设融入经济建设、政治建设、文化建设、社会建设各方面和全过程，建设美丽中国，努力走向社会主义生态文明新时代。

二十、依法诚信纳税，共建和谐社会

这一年，小华大学毕业参加工作了。领到第一个月工资时，小华发现自己的工资条上有一项扣税25元。小华自豪地对爸爸说："爸爸，我终于也成为一名纳税人啦。"爸爸说："对啊，依法纳税是我们的义务。"小华说："是啊，税收是国家财政收入的重要来源，国防、教育、卫生、公共服务机构的维持和基础设施建设等全靠它。"

【宪法条文链接】

《中华人民共和国宪法》第五十六条 中华人民共和国公民有依照法律纳税的义务。

【知识扩展】

2018年8月31日，关于修改个人所得税法的决定通过，2018年10月1日起实施最新起征点和税率，起征点由每个月3500元提高到5000元。

下列各项个人所得，应当缴纳个人所得税：

（1）工资、薪金所得；（2）劳务报酬所得；（3）稿酬所得；（4）特许权使用费所得；（5）经营所得；（6）利息、股息、红利所得；（7）财产租赁所得；（8）财产转让所得；（9）偶然所得。

个人所得税的税率：

（1）综合所得，适用3%—45%的超额累进税率；（2）经营所得，适用5%—35%的超额累进税率；（3）利息、股息、红利所得，财产租赁所得，财产转让所得和偶然所得，适用比例税率，税率为20%。

二十一、国家公务员，就职须宣誓

小华通过考试，实现了自己的梦想，成了一名法官。就职时，小华在院长的带领下向宪法庄严宣誓：忠于中华人民共和国宪法，维护宪法权威，履行法定职责，忠于祖国、忠于人民，恪尽职守、廉洁奉公，接受人民监督，为建设富强民主文明和谐美丽的社会主义现代化强国努力奋斗！

【宪法条文链接】

《中华人民共和国宪法》第二十七条 国家工作人员就职时应当依照法律规定公开进行宪法宣誓。

【知识扩展】

宪法是国家的根本法，是治国安邦的总章程，具有最高的法律地位、法律效力。国家工作人员必须树立宪法意识，恪守宪法原则，弘扬宪法精神，履行宪法使命。为彰显宪法权威，激励和教育国家工作人员忠于宪法、遵守宪法、维护宪法，加强宪法实施，全国人民代表大会常务委员会决定：各级人民代表大会及县级以上各级人民代表大会常务委员会选举或者决定任命的国家工作人员，以及各级人民政府、监察委员会、人民法院、人民检察院任命的国家工作人员，在就职时应当公开进行宪法宣誓。

宣誓誓词如下：

我宣誓：忠于中华人民共和国宪法，维护宪法权威，履行法定职责，忠于祖国、忠于人民，恪尽职守、廉洁奉公，接受人民监督，为建设富强民主文明和谐美丽的社会主义现代化强国努力奋斗！

后记

2016 年 4 月 28 日，第十二届全国人民代表大会常务委员会第二十次会议通过了《全国人民代表大会常务委员会关于开展第七个五年法治宣传教育的决议》，“七五”普法规划明确提出：“突出学习宣传宪法，坚持把宪法学习宣传摆在首要位置，在全社会普遍开展宪法教育，弘扬宪法精神，树立宪法权威。”

为全面贯彻党的十八大和十九大精神，深入学习贯彻习近平新时代中国特色社会主义思想和对法治宣传教育工作的重要指示，全面贯彻落实“七五”普法规划和全国人大常委会决议，切实抓好宪法以及 2018 年宪法修正案的学习宣传，2018 年 6 月石家庄职业技术学院（广播电视大学）决定成立以王文宝同志为主编的宪法读本编写组，并组织了学院各部门法律专业的 13 名同志编写了《宪法知识社区普及读本》，旨在弘扬宪法精神、普及宪法知识，为全民法治宣传教育尽绵薄之力。

本书编写宪法故事，精选部分宪法条款以一问一答的形式，图文并茂，细致解读，方式新颖，紧扣时政，通俗易懂。内容言简意赅，非常适合社区居民阅读，对社区居民遵守宪法，了解自己的基本权利与义务，增强公民的法治意识，建设法治社会具有一定的作用。

在本书的编写和出版过程中还得到了李小安教授、李来和教授、杨慧欣教授、张媛媛老师的帮助与支持，在此表示衷心的感谢。

因时间仓促，编者水平有限，书中难免出现疏漏，错误的地方，望专业人士及广大读者不吝赐教，提出宝贵意见。

编者

2018 年 11 月于石家庄职业技术学院